中国骄傲

主编 柳建伟

中国乒乓 赢尽天下

《中国骄傲》系列图书编委会

主　　编：柳建伟

编　　委：王晓笛　李西岳　杨海蒂　宋启发
　　　　　张洪波　张　堃　陈怀国　董振伟

特邀顾问：丁　宁　邓琳琳　许海峰　郑姝音
　　　　　赵　帅　徐梦桃　傅海峰　魏秋月

特邀专家：王　姗　王　海　江斌波　安　静　李尚伟
　　　　　李　震　何晓文　庞　毅　崔　莉　魏旭波

（按姓氏笔画排序）

写在前面

《中国骄傲》，如何诞生？

1984年洛杉矶夏季奥运会，许海峰一声枪响震惊世界，为中国体育代表团摘得奥运首金。自1984年起，中国体育代表团已经全面参加十届夏季奥运会，中国一步步成长为世界竞技体育强国。在这个过程中，中国体育健儿留下了无数值得铭记的经典瞬间。中国体育健儿的赛场故事，是动人、励志、具有感染力的；中国体育的荣誉瞬间，是辉煌、耀眼、增强民族自信心、提升民族自豪感的……

光阴似箭，40年已过，2024年，又是一个"奥运年"。值此之际，我们希望有一套图书可以传承中国体育的拼搏精神，可以让孩子们铭记动人的体育英雄故事，可以帮助孩子们树立正确的价值观、选择合适的励志榜样……《中国骄傲》系列图书应运

而生。我们希望用这套图书播下体育强国梦的种子，我们期待这套图书让中国的体育英雄故事跃然纸上，我们憧憬这套图书让更多的孩子爱上体育……

《中国骄傲》，内容如何构成？

中国体育代表团的征战史无比灿烂，中国体育健儿的传奇征途无比辉煌，有限的篇幅难以展现全部。在此我们只能选取部分体育项目和部分运动员的故事重点描绘，在这里没有先后、主次排名，只有我们对每一个"中国骄傲"无比的敬意。

目前《中国骄傲》系列图书有十册呈现给读者，分别是：《中国女排》《中国乒乓》《中国跳水》《中国田径》《中国射击》《中国游泳》《中国体操》《中国羽毛球》《中国时刻》《中国冬奥》。

《中国骄傲》，一直在路上……

未来，《中国骄傲》系列图书也将努力呈现中国体育更多的动人篇章，包括夏奥会、冬奥会、残奥会等，我们致敬所有为中国体育倾情付出的传奇英雄。《中国骄傲》系列图书就如同体育赛场的"中国骄傲"，一直在路上……

中国乒乓，赢尽天下！

在中国，乒乓球有着广泛的群众基础，是中国的国球。在竞技比赛领域，中国乒乓球队也是世界上最强的队伍之一。无论是在奥运会，还是在其他各类国际赛事中，中国乒乓球队都取得了无比辉煌的成绩。

中国乒乓球队组建于1952年。1959年，容国团拿到世乒赛男单冠军，这是中国体育历史上第一个世界冠军。进入20世纪60年代，中国乒乓球队成为世界顶级强队之一，在世乒赛的团体赛和个人赛中多次拿到冠军。竞技赛场捷报频传，也推动了乒乓球运动在中国民间的普及和发展。乒乒球这项运动的积极意义在各个领域显现，著名的"乒乓外交"就是证明。

　　1988年汉城奥运会，乒乓球成为奥运会正式比赛项目。从那时起至2020东京奥运会（因疫情原因延期至2021年举办）结束，中国乒乓球队在奥运赛场共获得32枚金牌、20枚银牌和8枚铜牌，涌现了邓亚萍、刘国梁、王楠、张怡宁、马龙、丁宁、樊振东等多位世界顶级运动员。

　　《中国乒乓》在璀璨的中国乒乓球运动史中选取部分运动员，讲述他们的动人故事。中国乒乓球队的辉煌征程还在延续，向每一位为中国乒乓球事业发展做出贡献的人，致以最崇高的敬意。

卷首语
国球风华,光耀世界

这是一项能使"小球"转动"大球"的运动,
它曾和中国特殊时期的历史命运息息相关。
这是一项需要技巧和智慧的运动,
这是一项中国队战无不胜的运动。
一代代中国乒乓球人勤勉的付出,
让中国乒乓球队贴上了"无敌"的标签。
奥运赛场上同时升起的三面五星红旗,
诠释了"国球"二字的意义。
当赢下所有冠军成为情理之中的事,
国乒每一次出征都压力倍增。
但即便是在重压之下,
中国乒乓球队也总能吹响凯旋的号角。

"乒乓女皇"邓亚萍,两战奥运会豪取四金,
以不败姿态傲立冠军领奖台。
为冠军而生的王楠,无惧年龄、无惧病魔,
诠释着坚持的力量。
"冷面大魔王"张怡宁,独孤求败,
成为同时代选手不可逾越的天堑。
"六边形战士"马龙,年少成名、不忘初心,
实现奥运"五金王"伟业。
国乒脊梁刘国梁,从奥运冠军到金牌教练,
不同角色他都演绎传奇。

没有一枚奥运金牌,是理所当然的。
没有什么"大满贯",是一蹴而就的。
没有人会一直赢,但有人会一直努力。
中国乒乓球的辉煌,告诉我们一个朴素的道理:
一直付出极致努力的一群人,配得上所有胜利。
富有家国情怀的中国乒乓球人,
在努力之中彰显着"中国骄傲"的英雄本色!

目录

1
第一章
"乒乓女皇"——邓亚萍

21
第二章
为冠军而生 ——王楠

41
第三章
"冷面大魔王"——张怡宁

61
第四章
"六边形战士"——马龙

81
第五章
国乒脊梁——刘国梁

100
国乒荣耀　英雄辈出

110
致敬　奥运会英雄谱

113
乒乓球小百科

她是1.5米的"巨人",
她是奥运赛场的不败王者,
她是傲视群芳的"乒乓女皇"。

邓亚萍,
任何赛道上的她都是耀眼的冠军。

第一章
"乒乓女皇"
——邓亚萍

1995年世乒赛

1991年世乒赛

1992年奥运会

1997年世乒赛

1996年世界杯

1996年奥运会

霸气!
16岁的世界冠军

邓亚萍5岁开始练习乒乓球,10岁那年被父亲送到河南省队集训。彼时的她已经是省内知名的小选手,实力在同年龄段选手中位于金字塔尖。然而省队的教练却因为身高将她劝退。多年之后,邓亚萍回忆起往事,还带着明显的不甘和失落。

当时的她是如何回应的?她穿着沙衣、绑着沙袋,负重30斤

训练,她彰显了超越年龄的刻苦和自律,她拼命想要证明自己。虽然身材矮小,但她用勤奋铸就了让人惊叹的高度。

邓亚萍的努力得到了回报,几经波折,她终于进入了国家队。**1989年,邓亚萍首次参加世乒赛,她与乔红搭档,一路过关斩将,在女双项目中拿到冠军。年仅16岁的邓亚萍由此成为当时国乒历史上最年轻的世界冠军。**

从5岁开始打球,到16岁拿到第一个世界冠军,回想过去11年经历的种种辛苦,邓亚萍在回程的车上流下了眼泪。

疯狂！
45分钟
斩获世界冠军

1991年世乒赛，邓亚萍迎来了职业生涯的第一个巅峰。

彼时只有18岁的她，一路过关斩将，闯入决赛。上半区的半决赛中，国乒主力乔红憾负朝鲜名将李粉姬，邓亚萍此时承担起为国乒拿下这枚金牌的重任。

所有人都以为邓亚萍要经历苦战，不承想初生牛犊不怕虎的她完全打蒙了李粉姬。**作为世界级名将，李粉姬仅抵抗了45分钟就输掉比赛。而18岁的邓亚萍则拿到了自己的第一个世乒赛女单冠军。**

时任国际奥委会主席胡安·安东尼

奥·萨马兰奇那天刚好在现场看比赛,他被邓亚萍的表现折服,亲自为邓亚萍颁了奖。两人自此结下"忘年交",并立下了约定:如果邓亚萍能够在1992年巴塞罗那奥运会夺金,萨马兰奇将再次为她颁奖。

1991年5月,邓亚萍在国际乒联世界排名中正式成为女单项目的世界第一。年仅18岁就成为世界第一,邓亚萍横空出世,震惊世界。

荣耀!
奥运会第一冠

随后,19岁的邓亚萍迎来了1992年巴塞罗那奥运会。这是一次鲜花铺满征途、光芒闪耀终点的征程。

在率先进行的女子双打比赛中,邓亚萍/乔红在半决赛遇到了来自韩国的玄静和/洪次玉,后者是冲金热门组合,有

着"金双打"的称号。首局韩国组合便以21比17的比分取胜,场面对邓亚萍/乔红非常不利。

然而后面三局比赛,两人抓住洪次玉回球质量不高的短板,快、准、狠地攻击韩国组合的弱点。最终邓亚萍/乔红连胜三局,以3比1的总比分逆转。

决赛中,两人击败了队友陈子荷/高军,邓亚萍也就此拿下职业生涯首枚奥运金牌。

与女双的比赛相比,女单比赛的关注度更高,竞争也更激烈。邓亚萍虽然已经排名世界第一,但毕竟还太过年轻,强敌环伺之下,她需要用一场场胜利来证明自己。

邓亚萍,也确实做到了。

旋风！
两金闪耀巴塞罗那

女子单打比赛，邓亚萍一局未丢挺进十六强，随后又在淘汰赛中先后战胜匈牙利选手巴托菲和朝鲜选手俞顺福，顺利晋级半决赛。半决赛面对韩国选手玄静和，邓亚萍完全打出气势。她在首局打出21比6的悬殊比分，最终总比分3比0击败对手。

挺进女单决赛后，邓亚萍要面对的是队友乔红。此时的邓亚萍彻底释放了自己,她在大场面中彰显了绝对的实力,以21比6和21比8的比分连胜两局,并最终以3比1的总比分击败乔红,加冕1992年巴塞罗那奥运会"双冠王"。

邓亚萍女单折桂,萨马兰奇也兑现了诺言。他亲自到场为邓亚萍颁奖,给这位年轻的奥运冠军送上祝福和鼓励。

19岁的邓亚萍如旋风般走上职业生涯巅峰,闪耀巴塞罗那奥运会的赛场。两枚沉甸甸的金牌,宣告"邓亚萍时代"的到来,"乒乓女皇"傲视群芳。

无敌！"三冠王"＋奥运卫冕

走上巅峰的邓亚萍，开始在世界乒坛展现自己超强的统治力。尽管1994年广岛亚运会她输给日本选手小山智丽，遭遇了一次沉重的失败，但顽强的邓亚萍很快就站了起来。

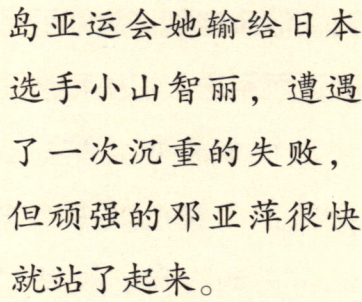

次年的天津世乒赛，她不仅在女单比赛中拿下冠军、和乔红搭档斩获女双冠军，还帮助中国队拿

到团体金牌。**邓亚萍以无敌姿态加冕世乒赛"三冠王",也庄严宣告即将到来的1996年亚特兰大奥运会,她绝对不会让金牌旁落。**

  1996年亚特兰大奥运会,邓亚萍再度与乔红搭档出战女双比赛。1/4决赛她们遭遇恶战,面对来自中国台北的陈静/陈秋丹,两人可谓"死里逃生"。她们在决胜局两度被对手获得赛点,再输一球就宣告出局,但她们又两度拯救了自己。最终邓亚萍/乔红以3比2的比分涉险过关,并一路高歌猛进拿下冠军。**邓亚萍/乔红实现了蝉联奥运女双冠军的壮举,邓亚萍也拿到了职业生涯第三枚奥运金牌。**

神迹！
奥运"四金王"载史册

女单赛场，邓亚萍同样迎来了不小的挑战。她一路过关斩将杀入决赛，迎战来自中国台北的陈静。邓亚萍在前两局取得了2比0的领先，第三局比赛一度以20比19的比分拿到赛点。但顽强的陈静连赢3球，以22比20的比分将局分追至1比2，第四局陈静一鼓作气将局分追至2比2。

比赛来到决胜局，这是邓亚萍面对的前所未有的挑战，顶住了她就将实现卫冕，输掉了她就将"跌入深渊"。绝境之中的邓亚萍，爆发出了惊人的战斗力。

一局没有什么悬念的比赛迅速结束

了——21比5，邓亚萍让对手的努力成为泡影，让困境成为自己卫冕的注脚。

邓亚萍加冕奥运"四金王"，萨马兰奇再度为她颁奖。 颁奖仪式上萨马兰奇用手轻拍邓亚萍的脸颊，这是他对邓亚萍成绩的又一次肯定。

"女皇"！邓亚萍的乒乓时代

两届奥运会拿下四金，邓亚萍成为中国奥运历史上第一个"四金王"，也是奥运会历史上首位卫冕乒乓球女单冠军的球员。

1996年亚特兰大奥运会后，邓亚萍又在当年拿下乒乓球世界杯女单冠军。**1997年5月，邓亚萍在曼彻斯特世乒赛中再度加冕"三冠王"。**然而，常年高负荷训练带来的伤病让她的健康出现严重的问题，1998年9月，邓亚萍正式宣布退役，结束了自己辉煌的职业生涯。

自1991年5月至1999年1月，邓亚萍一直在国际乒联世界排名中位列女单第一,成为该项目保持世界第一时间最长的选手。同时她也是世界乒坛第一位实现单打"大满贯"的女子选手(斩获奥运会、世乒赛、世界杯女单冠军)。她四次拿下奥运金牌,是奥运赛场上不折不扣的不败王者。

从因为身高被省队拒绝,到以王者姿态告别乒坛,**邓亚萍铸就了一段把否定变成肯定、把梦想变成现实的不朽旅程。**

跨界！巅峰告别，华丽转身

辉煌的乒乓球职业生涯，是邓亚萍人生中耀眼的巅峰，但她不想止步于此，于是她开始了新的征程。

1997年，邓亚萍来到清华大学外语系学习，当时她连26个字母都无法一次性写出来。但不服输的劲头已经刻进了她的基因里，冠军的内核，就是追求卓越，永远有一颗渴望获胜的心。邓亚萍把这样的心带到了学习之中。她不仅从清华大学英语专业顺利毕业，还收获了诺丁汉大学硕士学位和剑桥大学博士学位。

北京申办奥运会期间，邓亚萍积极贡

献自己的力量，成为北京申奥形象大使。2001年7月13日，邓亚萍作为运动员代表做申奥陈述，见证了北京申奥成功的历史性时刻。在各项赛事中，邓亚萍也多次担任火炬手。

秉持着"任何一个领域，做到极致就是冠军"的人生信条，邓亚萍华丽转身，在新的赛道，她依旧是不断创造辉煌的"女皇"。

她曾勇夺24个世界冠军，傲视群芳，
她也曾遭遇低谷，对抗病魔，
但挫折压不垮她的不屈斗志，
伤病击不倒她的王者雄心。

她是**王楠**，
为冠军而生的乒乓王者。

第二章
为冠军而生
——王楠

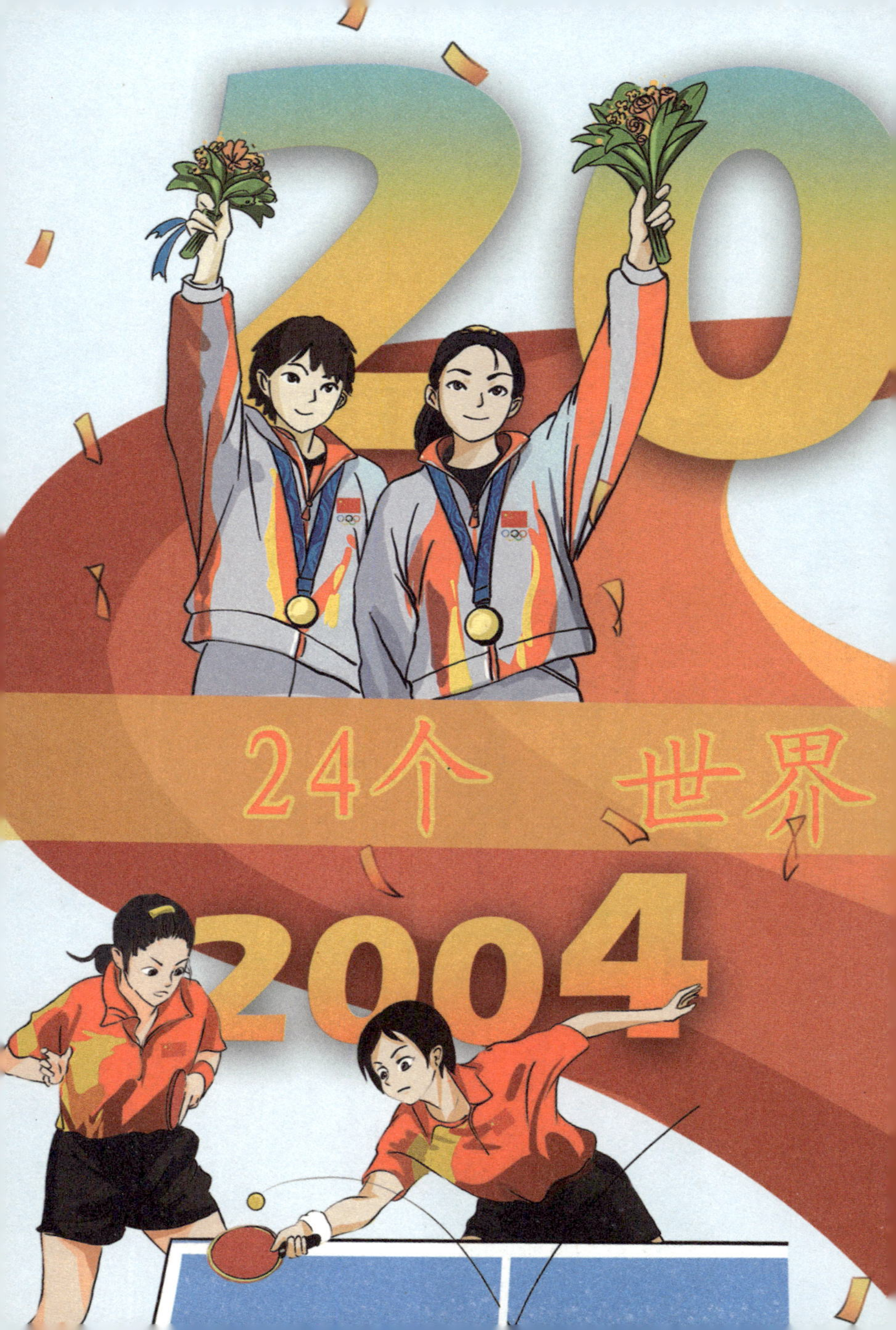
20
24个 世界
2004

冠军
2008

初露锋芒

20世纪90年代的女子乒坛,邓亚萍以超强的实力长期"霸榜"世界第一。然而在1998年,有一位年仅20岁的小将异军突起,她连续在世界大赛中斩获耀眼的成

绩，并在1999年初坐上女单世界排名第一的宝座，她就是王楠。

1978年出生的王楠，不到20岁便已成为世界冠军。1997年，她与队友搭档拿到了世乒赛女子团体冠军，又在乒乓球世界杯的赛场上拿到了女单冠军。

有了这些积累和铺垫，王楠在1998年的爆发顺理成章。这一年，王楠斩获国际乒联巡回赛总决赛和乒乓球世界杯冠军，又在曼谷亚运会中独揽四金。**年仅20岁的小将彰显出惊人的统治力，所有人都清楚，女子乒坛将迎来"王楠时代"。**

"死里逃生" 摘奥运首金

2000年悉尼奥运会，年轻的王楠已经成为国乒女队的领军人。她需要延续邓亚萍创造的辉煌，更需要捍卫国乒的荣耀。但比赛的征程远比想象的困难。女双赛场上，王楠和队友李菊差点倒在了半决赛。

王楠/李菊在半决赛中迎战韩国组合柳智慧/金茂校。前四局双方战成2比2，决胜局的过程更是跌宕起伏。韩国组合以20比19的比分率先拿到赛点，李菊的抢攻帮助国乒组合艰难扳平。随后韩国组合又以22比21的比分再次拿到赛点，此时命运眷顾了王楠和李菊。

王楠的一个回球擦到了球网，对手措手不及丢掉1分。王楠/李菊一鼓作气以24比22险胜，以总比分3比2挺进决赛。

决赛中两人以3比0战胜队友孙晋/杨影，拿下冠军，王楠也就此拿到了自己的第一枚奥运金牌。

拯救5个赛点
大逆转

在女双赛场"死里逃生"拿下冠军后，王楠在女单赛场同样上演了走钢丝。

2000年悉尼奥运会女单第二轮比赛，王楠迎战老对手李佳薇。前三局，王楠1比2落后。

第四局比赛，李佳薇一度取得了20比16的领先。此时的王楠只要再输一球，就将被淘汰。顶着世界第一光环的王楠首战奥运会，若是在第二轮就黯然出局，必将遭遇沉重打击，她的整个职业生涯也可能受到影响。

关键时刻，王楠顶住了压力放手一

搏，而李佳薇面对唾手可得的胜利却突然偃旗息鼓。

王楠利用李佳薇连续的失误连得4分，将比分追成20比20。在对手以21比20的比分再度拿到赛点的情况下，王楠又连赢3球，以总比分23比21赢下第四局。

单局比赛拯救5个赛点，王楠把自己从悬崖边上拉了回来。

王 楠	16
李佳薇	20

连救4个赛点

王 楠	20
李佳薇	21

再救1个赛点

王 楠	23
李佳薇	21

斩获两金闪耀悉尼

决胜局，王楠没有再给李佳薇机会，最终她以总比分3比2险胜对手，上演了惊心动魄的大逆转。赢下比赛的王楠坦言："回奥运村吃饭的时候手都在抖，感觉到非常后怕。"

这场荡气回肠的大逆转，让王楠得到了淬炼。在后续的女单比赛中，她连续击败了日本选手小山智丽和中国台北选手陈静。决赛中面对队友李菊，王楠再次面临1比2落后的险境，但此前上演过大逆转的王楠已经变得更加沉稳，也更有底气。她连续赢下两局比赛，最终以3比2取胜。

首战奥运会，王楠有惊无险地拿下两枚金牌，夺冠的过程充满了曲折和波澜。在决定命运的关键节点，若是心态稍有波动，王楠恐怕就得品尝失利的苦涩。

但为冠军而生的王楠顶住压力，完成了职业生涯最重要的加冕。她眼含热泪地咬住金牌庆祝的画面，定格了中国奥运史上的经典瞬间。

逆境难灭王者雄心

2000年悉尼奥运会加冕"双冠王",职业生涯顺风顺水的王楠,却在之后遭遇滑铁卢。她在两届大赛中遭遇了三场让人难以接受的败仗,为冠军而生的王楠也陷入了彷徨和低谷,一度考虑过退役。

2002年釜山亚运会,正处在巅峰的王

楠在女子团体决赛中突然"断电",先后败给了金香美和金英姬。团队领袖丢掉了两分,中国队最终以1比3的总比分负于朝鲜队。

2004年雅典奥运会女单比赛,王楠与老对手李佳薇激战五局,最终以1比4输球。打至第三局时,尽管她在0比7落后的情况下顽强地扳回一局,但仍然难以逆转。

亚运会女子团体失利、奥运会女单折戟,面对职业生涯巨大的挫折,面对屡次失利带来的阴霾,王楠能否在逆境中振作?

很快王楠就用拿下第三枚奥运金牌的表现,证明了她拥有在逆境中反击的王者雄心。

一扫阴霾再摘金

当地时间2004年8月20日，王楠和张怡宁搭档出战雅典奥运会乒乓球女双决赛。此时距离王楠输掉女单比赛还不到24小时。

失利的阴霾还未散尽，王楠就需要全身心地投入新的战斗中，这对她来说无疑是巨大的考验。但身经百战的王楠经受住了这样的考验，她在女双决赛中全神贯注，拼尽全力，全然忘记了不久前的失利。最终，王楠/张怡宁以4比0战胜韩国组合李恩石/石恩美。

"过去就过去了，单打失误后，明天还

是要拼金牌，要挑战自我。" 王楠是这么说的，她也确实是这么做的。不到24小时，王楠便在逆境中振作了起来，没有让单打比赛的失利影响到双打决赛。

2004年雅典奥运会的征程对于王楠而言并不算尽善尽美，但是她在连续的挫折之中强势反弹，彰显了自身强大的内心，为冠军而生的她，决不会轻易倒下。

病魔难阻冠军雄心

加冕奥运"三金王",各种大赛冠军拿到手软,赛场得意的王楠却在2005年遭遇晴天霹雳,她被查出罹患甲状腺癌。

虽然手术后可以痊愈,但是作为一名运动员,王楠要面临长时间远离赛场调养康复的困境。

在赛场上将挫折视为挑战,将难关看成历练的王楠,在生活中也是不折不扣的

强者，她顽强地战胜了病魔，重回赛场，延续辉煌的职业生涯。

2006年5月1日，在第48届世乒赛女子团体决赛的较量中，中国队以3比1击败中国香港队。这场胜利对于王楠而言有着极其特殊的意义，她拿到了个人的第19个世界冠军，就此超越邓亚萍，成为中国乒乓球队有史以来获得世界冠军次数最多的女队员。

两代中国女乒的领军人，在这个时刻完成了美妙的交接，为冠军而生的王楠，创造了职业生涯的又一个里程碑。

奥运第4金 +24个世界冠军

国乒人才辈出，因此罕有运动员能长时间担纲主力，王楠却是例外。2008年北京奥运会，她第三次站上奥运舞台，逐梦的脚步并未因年龄和伤病而停歇。

女子团体比赛，她与张怡宁、郭跃搭档，毫无悬念地拿到冠军，斩获自己的第4枚奥运金牌。女单赛场，虽然她在决赛中以1比4不敌张怡宁，但是银牌同样灿烂。

领奖台上，王楠让泪水肆意奔涌，此刻，不舍的情感已超越遗憾。带着对赛场的眷恋，她转身离开，将传奇的生涯封存于历史长河之中。纵观王楠的职业生涯，她实现了乒坛"超级大满贯"，三战奥运会，拿下四枚金牌，生涯总计收获24个世界冠军，傲视群芳。她帮助国乒延续了"邓亚萍时代"的王者姿态，又把接力棒交给了张怡宁。

她曾吞下失利的苦果，她也不是永远的赢家，但她击不倒、压不垮，永远坚持战斗，永远捍卫国乒荣耀！

退役后的王楠致力于公益活动，全面推广乒乓球运动。

她是"大魔王",
以冷面之姿横扫乒坛。
她是"四金王",
两届奥运会大放异彩。

她是张怡宁,
一个为乒乓球而生的天才,
一个缔造辉煌的传奇。

第三章
"冷面大魔王"
——张怡宁

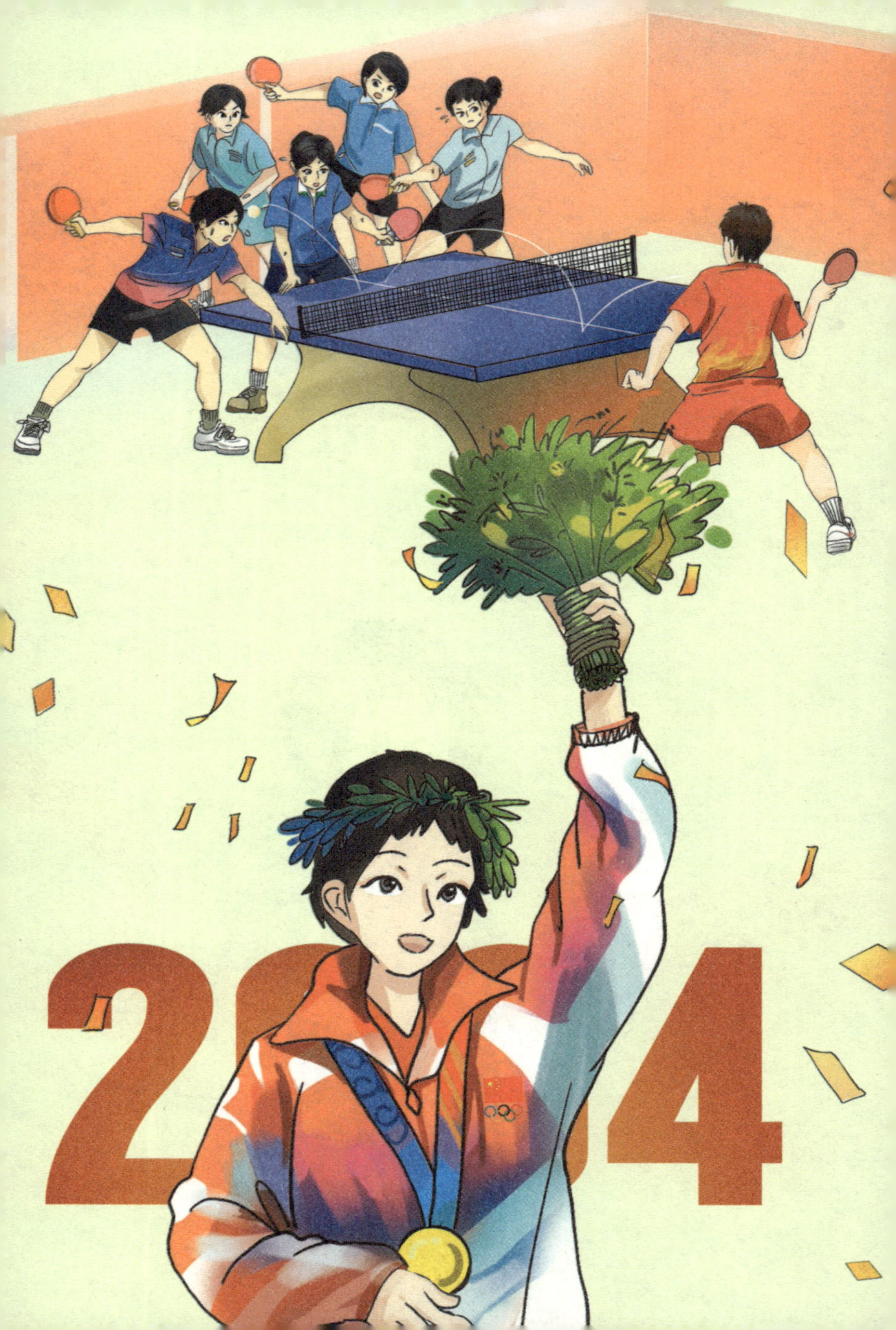

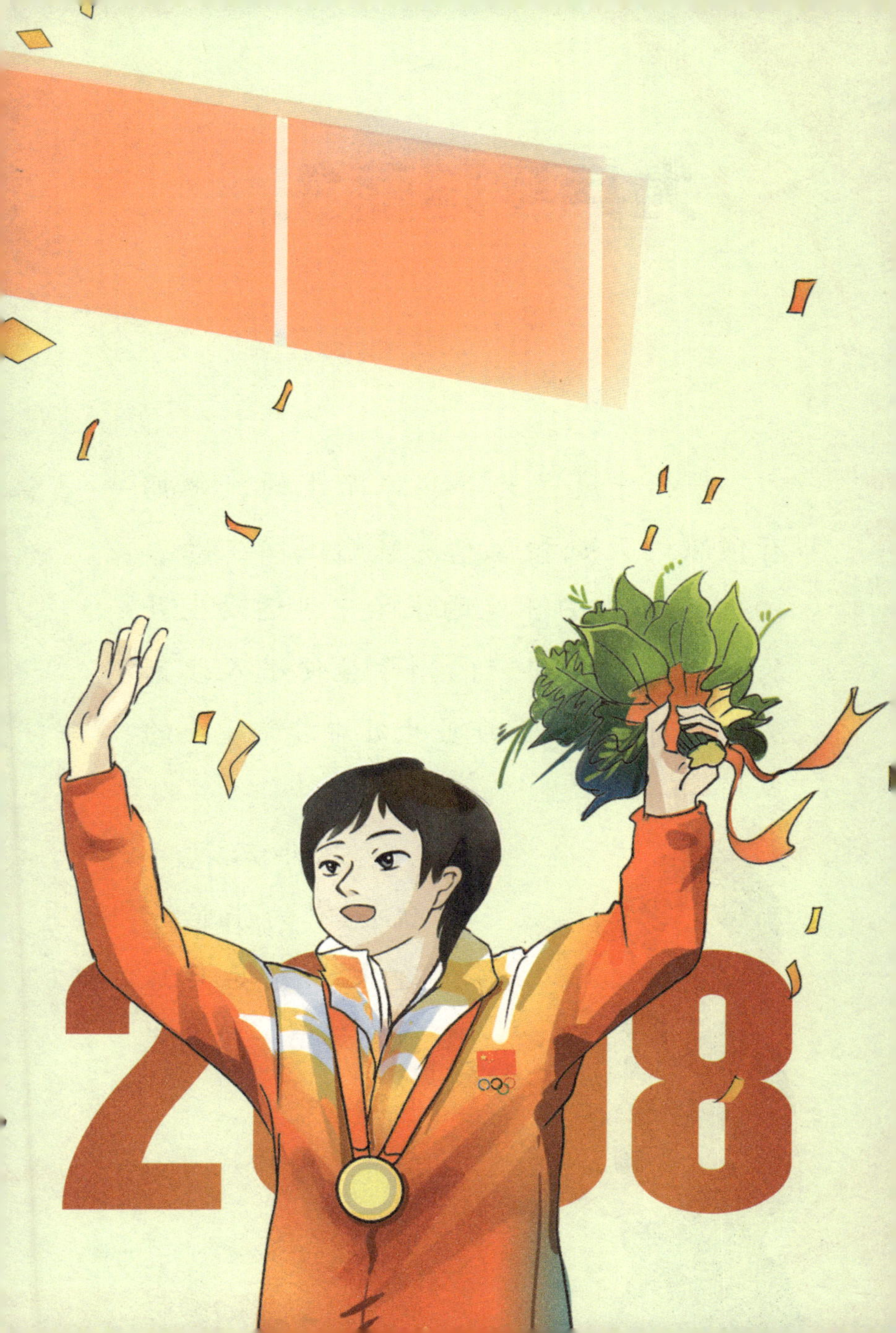

为乒乓球而生

张怡宁就是为乒乓球而生的，她拥有顶级的天赋和让人羡慕的运动生涯。1981年10月5日出生的张怡宁，运动生涯的起步极其顺利。1994年她便进入北京队，也因此遇到了职业生涯中非常重要的恩师——李隼。

三年后，年仅16岁的张怡宁迎来了她乒乓球生涯的第一次高光时刻。

1997年10月，

全国第八届运动会，张怡宁首次参加大型综合性运动会。**年仅16岁的她，在这次比赛的团体赛中，击败了乔红、李菊、杨影、齐宝华等名将，其中不乏奥运冠军级别的选手。**

第一次亮相就如此惊艳，再次印证了张怡宁是为乒乓球而生的。然而，人生的道路不全是顺境，即便是张怡宁这样天赋异禀的运动员，也不可避免地会遇到坎坷。在迈向伟大的征程之中，张怡宁很快就遭遇了巨大的挫折。

吹响时代的序曲

2000年世乒赛女子团体赛，张怡宁在决赛中输给对手。2001年全国第九届运动会，她又被王楠逆转。但连遭打击的张怡宁并未就此消沉，骨子里透着倔强的她，熬过了黎明前最后的黑暗。

张怡宁，终于迎来属于她的爆发时刻。

2002年，张怡宁在乒乓球世界杯的女子单打比赛中拿到冠军，国际乒联巡回赛总决赛女单项目她也强势登顶，釜山亚运会女子单打的冠军同样被她收入囊中。2004年世乒赛女子团体赛，张怡宁和队友一起拿下冠军。低谷过后，张怡宁以几乎无敌的姿态拿到了一项项

大赛的金牌。

　　2004年是奥运年，对于错过2000年悉尼奥运会的张怡宁来说，参加雅典奥运会是她梦寐以求的。处在上升期的张怡宁，迫切地需要一枚奥运会女子单打的金牌，去给自己的职业生涯增加一份荣耀，一份最为沉甸甸的荣耀。

　　2004年雅典奥运会上，"大魔王时代"的序曲被彻底吹响。

奥运首金来了

2004年雅典奥运会，乒乓球项目的第一场决赛是女子双打，张怡宁/王楠组合一路过关斩将，最终站在了决赛的赛场上。

然而，决赛前这对组合却迎来了意料之外的困难。当地时间8月20日，女双决赛即将打响，但是就在前一天，王楠在女单1/4决赛中，意外地输给了李佳薇。

在不到24小时的时间里,王楠需要忘却输球的沮丧,迎接新的决战。

好在两位选手拥有绝对的实力优势,王楠也在输球后迅速调整,最终她们以4比0轻松战胜韩国组合李恩石/石恩美,拿到冠军。

首夺奥运会金牌的张怡宁并没有过度兴奋,她与王楠拥抱庆祝之后,迅速恢复了平静。接下来,她还要在女单赛场上为国乒而战。

新闻发布会上,她向王楠表达了满满的敬意:"只要她在场上,我就觉得心里有底。"

26分钟速胜夺金

自1988年乒乓球项目首次进入奥运会以来,国乒在女单项目中一直独占鳌头。但2004年雅典奥运会,国乒冲击这枚金牌的征程却有些凶险。

由于两名队友接连出局,张怡宁只能独扛大旗。决赛中,她的对手是朝鲜选手金香美。金香美是不折不扣的"怪球手",她罕有国际大赛经历。张怡宁和教练组在赛前反复地观看、研究金香美的比赛录像。

然而决赛却比想象的轻松太多,张怡宁仅用26分钟就以4比0击败对手,毫无悬念地

拿下了冠军。最后两局,张怡宁均打出11比2的悬殊比分。

夺冠后的张怡宁异常激动,她向全场观众献上飞吻,更是在拥抱教练时,撞倒了场边的挡板。

回看这届奥运会的女单比赛,张怡宁仅丢掉两局,一路过关斩将,并且最终夺金。在发布会上,她更是霸气地表示:"当好中国女队的领军人物,才是我的最高目标。"

"大魔王时代"
正式来临

2004年雅典奥运会后，张怡宁开启了"金牌收割机"模式。2004年乒乓球世界杯，她再度拿下女单冠军。2005年，张怡宁首次在世乒赛中拿到女单冠军，自此，她实现了奥运会、世乒赛、世界杯单打"大满贯"的壮举。

"大魔王"开启了属于自己的时代。

2008年又是

一个奥运年,这一次张怡宁在家门口作战。她将追随前辈邓亚萍的脚步,力争在奥运会女单项目中实现卫冕。历史性的时刻,即将如期而至。

2008年北京奥运会,乒乓球项目由单打和双打变为单打和团体。张怡宁、王楠和郭跃三位女将,代表国乒出战女子团体的比赛。她们以压倒性优势拿下冠军,张怡宁收获了自己的第三枚奥运金牌。

女单赛场,张怡宁势如破竹。

第四轮面对日本选手福原爱,张怡宁在比赛次局甚至一度以9比0的悬殊比分领先。

奥运会"四金王者"

没有遇到太多阻碍,张怡宁顺利杀入决赛。决赛中,她面对的是自己的队友,同时也是老对手王楠。

张怡宁在先丢一局的情况下迅速调整,连胜四局完成逆转。在王楠回球出界,胜负已分的瞬间,张怡宁终于露出了难得的笑容。她面带微笑向现场观众致意,在整理衣物的时候她依旧显得非常平静。

"大魔王"将她最柔软的一面留给了家人,离场时张怡宁与父母紧紧相拥,此时她才让泪水肆意奔涌。

两届奥运会拿下四枚金牌，张怡宁重现了邓亚萍的壮举，迎来了乒乓球生涯最为辉煌的时刻。

值得一提的是，这届比赛的女单赛场上，除了张怡宁和王楠包揽金银牌之外，另外一名中国选手郭跃拿到了铜牌。乒乓球女单项目的三枚奖牌，全部被国乒拿下。颁奖仪式上三面五星红旗高高飘扬的画面，成为奥运历史上的经典一幕。

巅峰期选择退役

两届奥运会拿下四枚金牌，张怡宁追上了前辈的脚步，她自己也成为后人仰望的传奇。2008年北京奥运会之后，张怡宁仍然持续着自己辉煌的职业生涯。

2009年世乒赛，张怡宁再次拿下女单

冠军，完成"双圈大满贯"。2009年全运会，张怡宁成功卫冕。此后，尽管仍然具备超强的实力，仍然拥有绝对的赛场统治力，但张怡宁选择逐渐淡出赛场。**2011年她正式宣布退役，谈到退役的原因，"大魔王"霸气尽显："所有的冠军都拿了，真的是没有任何挑战了。"**

2009年全运会乒乓球女单冠军，成为张怡宁收获的最后一个大赛冠军。1997年，她在全运会上一鸣惊人，天才选手开启辉煌生涯；2009年，她在全运会上完美谢幕，为自己的职业生涯画上圆满的句号。

在奥运会、世乒赛、世界杯这三项最重要的比赛中，张怡宁共收获19个冠军，难有对手可望其项背。

华丽转身

作为一名天才球员，张怡宁面对并非一帆风顺的职业生涯，除了拥有天赋，还拥有抵御万难、战胜挫折的勇气和决心。

面对任何困难、任何压力、任何成绩，她总能"胸有惊雷而面如平湖"。"冷面大魔王"这个称号彰显了她的实力，更彰显了她的境界。**胜，不妄喜；败，不惶馁。正是这种实力和境界的叠加，支撑她跨过低谷，走向巅峰，铸就伟大的传奇。**

退役之后，张怡宁默默深耕慈善事业，与众多退役运动员发起慈善活动，参与慈善募款拍卖。她以自己的爱心和行动助力中国体育事业的发展，推动中国公益慈善事业不断前行。

　　同时，她也没有离开自己心爱的乒乓球事业。解说台上，她金句不断，引导球迷更好地欣赏比赛；训练场上，她投身青训，帮助更多的小朋友爱上乒乓球。

29个世界冠军、
创历史卫冕奥运会乒乓球男单冠军、
缔造"超级全满贯"伟业……

从年少成名到大器晚成，
马龙用极致的努力
铸就了极致的辉煌。

第四章

"六边形战士"
——马龙

力量

经验

防守

发球

速度

技术

坎坷的世乒赛征途

人才辈出的国乒,从不缺乏年少成名的天才,1988年出生的马龙便是其中的代表。

得益于异乎寻常的天赋和努力,马龙15岁便入选国家队。当马龙第一次登上世界冠军的领奖台,捧起世乒赛团体冠军的奖杯时,他还不满18岁。国乒新星冉冉升起,马龙被视作国乒未来的领军人。

谁也不曾料

到，等待天才的不是一蹴而就、创造辉煌，而是一次又一次地坠下深渊。

世乒赛单打冠军含金量极高，但在2009年、2011年、2013年三届世乒赛中，马龙均折戟半决赛。三届世乒赛都未能夺冠，按时任国乒主教练刘国梁的说法，马龙已经三次"埋葬"了自己。虽然曾创纪录地取得五十六连胜，也拿到了2012年世界杯单打冠军，但是在世乒赛单打项目中陷入无冠魔咒，马龙备感压力。

同龄的队友已站上巅峰，身后的年轻人也蓄势待发，马龙仍在苦寻自己的第一个世乒赛单打冠军。

天才的光环早已不在，马龙甚至被贴上了"伤仲永"的标签。

跳上球台肆意庆祝

　　2015年苏州世乒赛是马龙的最后一线希望，当然也可能成为压垮他的最后一根稻草。彼时的马龙即将年满27岁，他的恩师刘国梁在27岁时早已带着满身荣耀退役了。

　　这一次，马龙没有"埋葬"自己。面对非赢不可的绝境，他在半决赛战胜队友樊振东，顺利晋级。决赛对阵队友方博，马龙前四局3比1领先，在第五局一度迎来冠军点，可惜未能把握住机会。第六局比赛面对开局落后的局面，马龙稳住局势，以11比4的比分获胜，总比分4比2击败方博。

一向内敛低调的马龙，赛后罕见地宣泄着情绪，他跳上球台肆意庆祝。这个单打冠军他等待了太久，他也太需要这个冠军证明自己。

2006年，他在不来梅世乒赛的团体赛登顶，年少成名，意气风发。2015年，他终于在苏州击碎世乒赛单打冠军的魔咒，大器晚成，岁月峥嵘。

这个冠军，成为马龙辉煌职业生涯的新起点。

终圆"大满贯"梦想

2012年伦敦奥运会未能获得男单比赛资格的马龙,终于在2016年里约奥运会首次站上了奥运男单比赛的赛场。然而,冲冠的征程注定凶险。

1/8决赛,面对韩国选手郑荣植,马龙意外地输掉了前两局比赛。此时的马龙,后退一步便是万丈深渊。见此情形,主教练

刘国梁带着满身大汗的马龙走出赛场换衣服，并告诉他，等再次走进赛场的时候，就当自己已经被淘汰了，是老天又给了一次机会。

回归之后的马龙仿佛重生，以11比5和11比1的比分连胜两局，扳平总比分。第六局他在4比9落后的情况下完成逆转，总比分4比2淘汰对手，斩获了一场艰难的胜利。

而后，马龙一鼓作气闯入决赛。这场决赛用马龙的话说，是自己"超水平发挥了"。决赛早早失去悬念，除了首局14比12艰难取胜，后三局马龙都没让对手得分超过5分。最终他4比0战胜对手，加冕2016年里约奥运会乒乓球男单冠军！

团体卫冕完美收官

夺冠之后的马龙,向全场比出爱心。尽管首夺奥运单打冠军,尽管终于成就"大满贯"的荣光,但历经洗礼的马龙,只是在平静中享受这份喜悦。

2006年首登世界冠军舞台时,马龙对教练秦志戬说自己的梦想是"大满贯"。10年过去了,少年天才大器晚成,在荣耀与伤痛的见证之下,他终于实现了年少的梦想。

一天之后,马龙又和队友搭档,携手出战奥运会男子团体的比赛。其实早在2012年里约奥运会,马龙就曾帮助国乒拿到男子团体的金牌，这次他的目标是卫冕。

在男子团体的比赛中，国乒一路高歌猛进，晋级决赛。马龙在决赛中两次登场，均以3比0击败对手，成为国乒夺冠的最大功臣。最终，国乒3比1击败日本队，再次拿到奥运会男子团体冠军。

2016年里约奥运会，马龙以两枚金牌完美收官。

"六边形战士"与三连冠

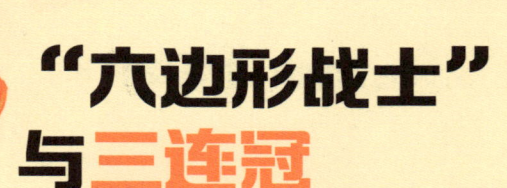

2015年和2016年可谓马龙丰收的两年,加上2015年世界杯男单冠军,他共斩获了三个重量级男单冠军,还成为乒乓球男单"大满贯"选手。苦苦追梦的少年,迎来了等待在黑暗尽头的光亮,梦想的节奏开始变得激昂。

2016年吉隆坡世乒赛团体赛,日本电视台用六维雷达图展示每一位选手的实力,包含力量、速度、技术、发球、防守、经验这六个维度,马龙的雷达图上这六个维度全部达到了满分,自此,"六边形战士"成为马龙在乒乓球世界的标签。

"六边形战士"在2017年和2019年世乒赛男单项目中连续夺冠,实现了世乒赛单打三连冠的壮举。曾经苦寻而不得的世乒赛男单冠军,如今对马龙而言如同探囊取物。

拿下2019年世乒赛男单冠军之后,马龙冲着话筒高喊:"I am made in China!"(我是中国制造!)中国制造的"六边形战士",创造了男子单打的"马龙时代"。

剃光头！
从头再来拒退役

其实，早在2019年世乒赛前，马龙就饱受膝盖伤病困扰。凭借超乎常人的毅力，他带伤夺冠。世乒赛结束后不久，马龙进行了膝盖手术。手术前，他给自己剃了个光头，寓意"从头再来"。

超过30岁的年龄，十几年征战带来的伤病，这些问题都困扰着马龙，他还能从头再来吗？他还能重返巅峰吗？

答案从模糊逐渐变得清晰。

经过漫长的恢复期，马龙重回赛场，却怎么也找不到当年的状态。他沮丧地说："腿是回来了，球没了。"马龙屡屡在比赛中输球,关于他难回巅峰状态的质疑甚嚣尘上,但不信邪的马龙又一次走出职业生涯的低谷。

2020年国际乒联总决赛,马龙击败樊振东登顶,时隔18个月再夺单打冠军。颁奖仪式前他小声地对记者说:"感觉像做梦一样。"

伤病和时光被马龙无情地打败,他的下一个目标,是完成前无古人的壮举——蝉联奥运会乒乓球男单冠军。

东京奥运会
强势卫冕

马龙手握三枚奥运金牌出征2020东京奥运会，只要再度加冕"双冠王"，他的职业生涯奥运金牌总数将达到五枚，他也将成为奥运史上金牌最多的中国运动员之一。然而，奥运史上从未有人蝉联乒乓球男单冠军，也从未有过30岁以上的乒乓球男单冠军，马龙的面前挑战重重。

男单半决赛，马龙陷入鏖战。面对此前与自己交手战绩不占优势的德国选手奥恰洛夫，马龙在局分2比0领先的情况下被对手追至3比3，决胜局双方激战至10比9，最终马龙以总比分4比3险胜。**这是一场赢家无比兴奋、输家极其遗憾的七局鏖战。**

男单决赛，马龙的对手是国乒男单未来的接班人樊振东。两人携手打出了一场跌宕起伏的比赛，首局马龙11比4取胜，随后三局双方的分差都不超过3分，马龙以总比分3比1领先。第五局，樊振东11比3扳回一城。但决胜局马龙在末段发力，11比7取胜。**最终，马龙以总比分4比2击败樊振东，蝉联奥运会男单冠军！**

至高荣耀！
奥运"五金王"

踏上男子团体比赛的征程,马龙和国乒赢得无比轻松,最终中国队打出四场3比0,毫无悬念地拿下冠军。马龙连续三届奥运会跟随国乒拿下男子团体冠军,他也正式加冕奥运"五金王"。

他成为中国乒乓球队历史上奥运金牌最多的选手。放眼整个中国奥林匹克史,他的金牌数量也是并列的第一。

由于乒乓球规则变化快、技术更新迭代迅速,再加上国乒人才辈出,中国乒坛罕有常青树,马龙却是例外。他凭借惊人的意志和能力,应对一切变化和对手。

作为首位集奥运会、世乒赛、世界杯、亚运会、亚锦赛、亚洲杯、巡回赛总决赛、全运会乒乓球单打冠军于一身的"超级全满贯"男子选手，马龙密密麻麻的荣誉簿上，记录的是他从少年得志到大器晚成的职业生涯进阶之路。

"我相信时间是最好的注解，只有努力才是对天赋最完美的诠释。"马龙对自己职业生涯的这句评价极其恰当。他是天才，他更是努力到极致的天才。

球员时代,
他创造奇迹、改写历史,
收获中国乒乓球队首个男子单打冠军。
教练生涯,
他开拓进取、缔造辉煌,
培养出无数世界冠军。

刘国梁,
国乒脊梁捍卫国球荣耀。

第五章

国乒脊梁
——刘国梁

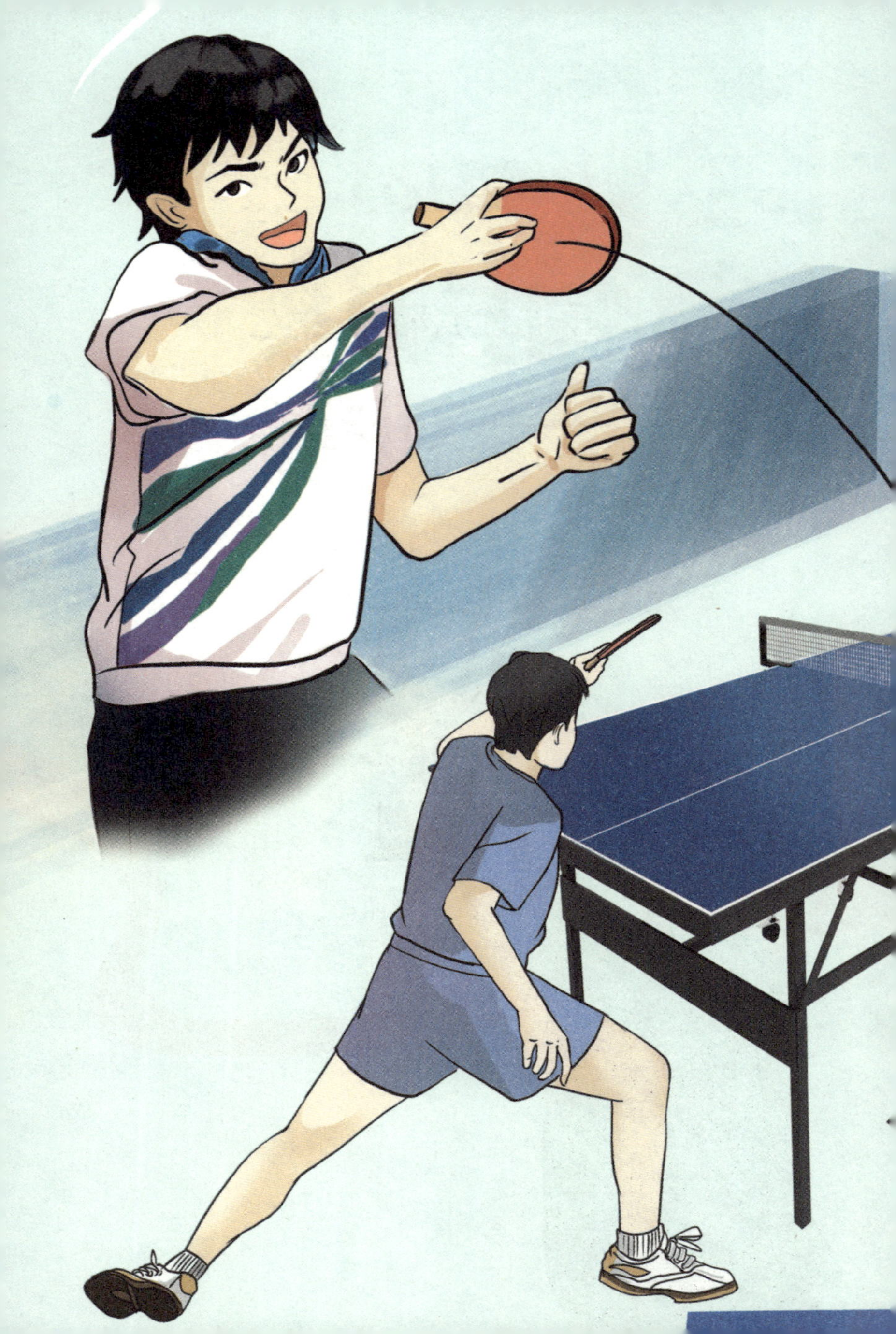

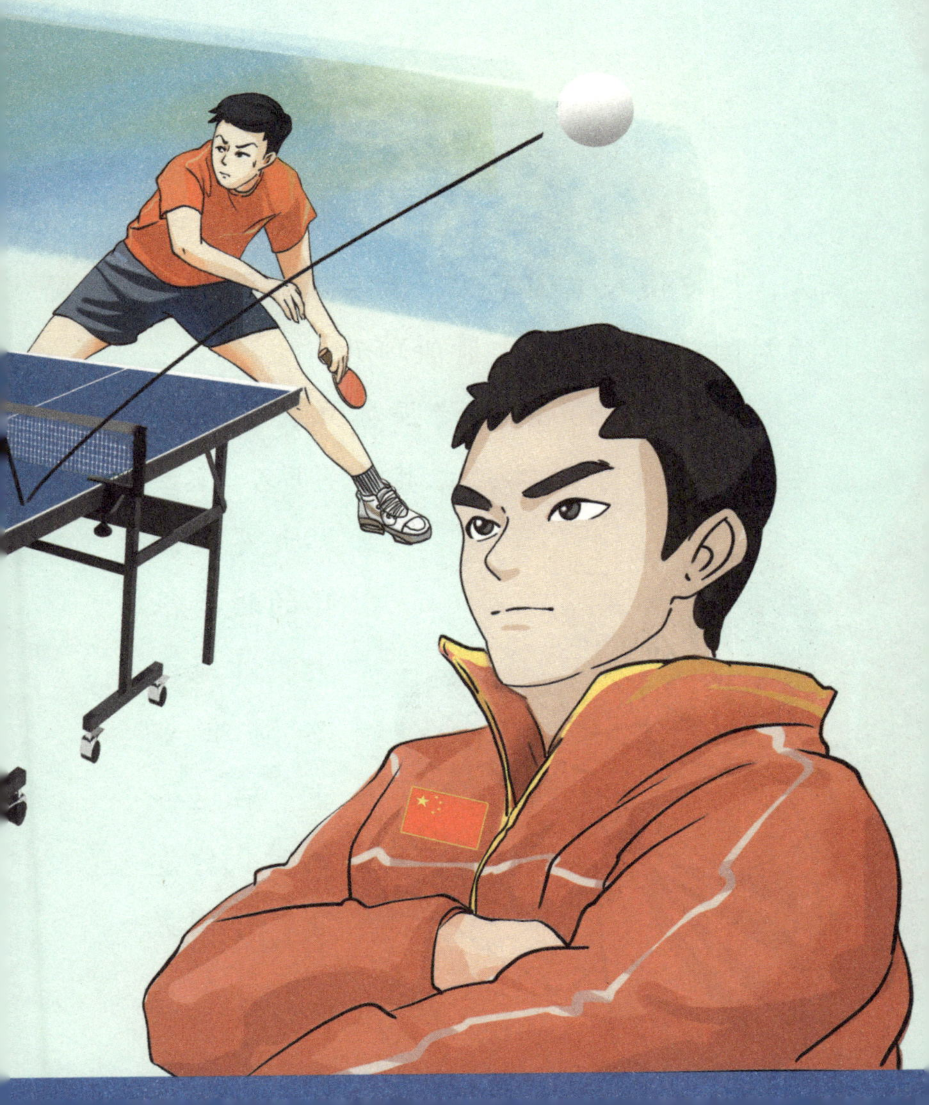

15 岁入选国家队

6岁学习乒乓球，13岁进入国家青年队，15岁便入选国家队，乒乓球生涯早期的刘国梁，如坐上火箭般蹿升。

彼时的世界乒坛诸强林立，中国乒乓球队正处于低谷，尤其是男队，在世界大赛中面临的挑战很大，冲冠之路困难重重。在这样的时代背景下，中国男

子乒乓球队迫切地需要一名超级巨星，扛起大旗，迎接挑战。

一开始刘国梁并非最被看好的选手，他在国家队的前景也并不是特别明朗。刘国梁是一名右手直握球拍的运动员，他的打法在当时的乒乓球世界里并不是主流。

尽管年纪轻轻就入选了国家队，但刘国梁之前还有老将王涛和超新星孔令辉。这两人在世界大赛中的成绩都要好过刘国梁。

天生不服输、爱动脑的刘国梁需要一个证明自己的机会，他拼命地练好自己的前三板、拼命地琢磨自己的发球、拼命地在失败中积累经验，为国争光的机会很快就来了。

奥运第三单打

1988年汉城奥运会，乒乓球首次成为奥运会正式比赛项目。但1988年和1992年两届奥运会，中国乒乓球队在男单项目中仅有一枚铜牌入账。而女队不仅在1988年包揽女单项目的金银铜牌，更有年轻小将邓亚萍横空出世，在1992年独揽两金。

1996年亚特兰大奥运会，中国乒乓球队第三次出征。男队派出了"两老带两新"的阵容，王涛/吕林和刘国梁/孔令辉两对组合出战双打比赛。王涛、孔令辉、刘国梁三名球员出战单打，其中更为年长的王涛是彼时中国乒乓球男单项目的领军人，孔令辉则刚刚拿到世乒赛男单冠军，是后起之秀中的佼佼者，而刘国梁只能算是男队的第三单打。

　　孔令辉和刘国梁两位年轻人，成为中国乒乓球队的重点培养对象，这届奥运会中的表现将决定他们在国家队未来的前景。事实证明，他们确实准备好震惊世界了。

首枚奥运金牌

　　20岁的刘国梁和孔令辉搭档出战1996年亚特兰大奥运会男双比赛，不过两人并非夺冠的头号热门组合。中国队的另一对组合王涛/吕林曾在1992年巴塞罗那奥运会中拿到冠军，此次出征志在卫冕。来自瑞典的瓦尔德内尔/佩尔森、来自韩国的李哲承/刘南奎同样颇具实力。

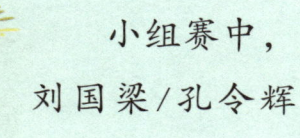

　　小组赛中，刘国梁/孔令辉

没有遇到任何挑战，连续三场一局未输，强势晋级。直至半决赛，真正的挑战来临——韩国组合李哲承/刘南奎横亘在两人面前。

面对韩国组合，两位年轻人打出了自己的精气神，尽管每局比赛都赢得非常艰难，但还是以21比17、21比16、21比19的比分击败对手，晋级决赛。**刘国梁/孔令辉与王涛/吕林会师决赛，中国队提前包揽金银牌。**

决赛中，刘国梁/孔令辉毫不手软，打出了初生牛犊不怕虎的气势，最终以3比1的比分击败对手夺金。**这是两人的首枚奥运金牌，领奖台上的刘国梁微笑着朝观众席挥手，他实现了为国争光的夙愿。**

冠军！改写历史

男单比赛的进程远没有男双比赛顺利，中国乒乓球队开局就遭遇重创。孔令辉在淘汰赛首轮1比3不敌韩国名将金泽洙，中国队折损一员大将。好在留下来独自镇守上半区的刘国梁表现得非常稳健，在淘汰赛中连赢三场，晋级决赛。

他在决赛中的对手不是别人，正是他的队友、他的老大哥、他的"克星"——王涛。刘国梁在对阵王涛的比赛中输多赢少，而王涛彼时也进入了职业生涯的尾声，他渴望得到一个单打奥运冠军。

青葱少年挑战成名老将，刘国梁开

局就打得极其有压迫性,他充分发挥自己前三板的特点,以21比12的比分率先取胜。**随后两人都打出了极高的水平,酣战至总比分2比2,比赛进入决胜局。**

20岁的刘国梁在体能上的优势开始显现,他不顾一切地朝着冠军的梦想冲击。王涛此时也深刻地领会到"拳怕少壮"这四个字的含义。21比6,刘国梁拿下决胜局,总比分3比2击败王涛。**中国乒乓球首个男子单打奥运冠军就此诞生。**

"大满贯"刘国梁

20岁的刘国梁彻底改变了自己的命运,也改写了中国乒乓球的历史。他用力夺两枚金牌的表现横空出世,震惊世界乒坛。

随后,刘国梁又拿到了1996年世界杯男子单打的冠军。此时,他距离单打"大满贯",就差一个世乒赛男单冠军。

1999年世乒赛,刘国梁和马琳会师决赛,两位直板选手联手奉献了一场"史诗级"的对决。前四局双方战成2比2,决胜局两人比分紧咬，从2比2一路激战至22比22。关键时刻刘国梁毫不手软，连续用侧身抢拉攻击对手，最终以24比22的比分拿下决胜局，总比分3比2拿下比赛，也拿下了职业生涯首个世乒赛冠军。

至此，刘国梁拿到了世界杯、奥运会和世乒赛三个大赛的男单冠军，成为中国乒乓球历史上第一个完成单打"大满贯"的男子选手。

"不懂球的胖子"

2002年,年仅26岁的刘国梁选择退役。飘逸的直板少年,转身告别了他辉煌的运动员生涯。

打球时的刘国梁就酷爱思考,他的右手直板打法在国际乒坛并不算先进,他想比别人强,就必须想出更多点子。前三板抢攻、各种新颖的发球方式……他用了各种办法提升自己的竞争力。

退役之后,刘国梁把自己的这个优势放在了更需要他的地方——他成为中国乒乓球队的一名教练。因为出色的业务能力和带队成绩,他在教练的岗位上一步一个脚印地登上了巅峰，最终成为**中国乒乓球队总教练**。

国乒球员参加比赛时，他总是坐在场边亲自指导，曾经与刘国梁同场竞技的王励勤、马琳等队员，都成为他的弟子。

这位身材发福的教练曾被不明所以的网友吐槽：这个胖子是谁？全场就他看起来最不懂球。**"不懂球的胖子"，至此成为刘国梁的标签**。

严师刘国梁

刘国梁成为教练之后,兢兢业业地研究对手的打法,机智巧妙地解读国际乒联的积分规则,不断创新地提升国乒的训练效果。"不懂球的胖子"在教练岗位上的成就,甚至超越了球员时代。

他对球员严格要求,在日常训练和比赛现场,缔造了无数经典场面。

2013年"直通巴黎"国乒队内选拔赛,当时世界排名第一的许昕状态不佳，接连失利。刘国梁一针见血地指出："你的球没有压迫性，虽然世界排名第一，但你跟谁打都没有优势……你的球根本没有锋芒……就是一杯白开水。"许昕被点醒后状态回升，取得了四连胜的佳绩。

2016年里约奥运会，马龙在对阵韩国选手郑荣植的比赛中连输两局。**此时刘国梁选择带马龙走出赛场，并对他说："咱们再走进这个球馆的时候，你必须当作你刚才已经输了，已经被淘汰了，是老天又给了你一次机会。"这番话起到了效果，重回赛场的马龙完成了大逆转。**

奥运"三连包揽"

　　2008年北京奥运会，刘国梁率领中国男子乒乓球队拿下男子团体的冠军，包揽男子单打的金银铜牌。2012年伦敦奥运会，他再次帮助中国男子乒乓球队拿下男子团体的冠军，包揽男子单打的金银牌。2016年里约奥运会，担任中国乒乓球队总教练的刘国梁，帮助中国乒乓球队包揽奥运会四个乒乓球项目的全部金牌。

　　从北京到里约，中国乒乓球队在三届奥运会中实现了金牌无一旁落的壮举。国球神话由他创造，"国乒脊梁"的美誉实至名归。

回首20世纪90年代那个风云激荡的时期，中国乒乓球队面临巨大的竞争压力。但在以刘国梁为代表的一代代中国乒乓球人的努力之下，如今的国乒已是笑傲乒坛的王者。

球员时代，刘国梁是创造奇迹、改写历史的急先锋。教练生涯，刘国梁是开拓进取、缔造辉煌的智多星。他是中国乒乓球的传奇，更难能可贵的是，他的传奇跨越了漫长的年代、跨越了不同的角色。

国乒荣耀
英雄辈出

中国乒乓球队人才不断，英雄辈出。回首中国乒乓球队的崛起之路，无数传奇写下了让人心潮澎湃的奋斗篇章。他们成就"大满贯"伟业，他们在奥运会中实现金牌传承，他们用不断的付出与努力，给中国乒乓球烙上了"中国骄傲"的印记。

男乒"五虎将"见证崛起时代

国乒男队早期实现"大满贯"的球员,除了前文中提到的刘国梁,还有与刘国梁同时代的孔令辉。孔令辉在1995年拿下世乒赛和乒乓球世界杯男单冠军,2000年悉尼奥运会,他又在男单决赛中以3比2击败瑞典传奇选手简·诺瓦·瓦尔德内尔,拿到奥运会男单冠军,实现了"大满贯"伟业。作为与刘国梁同时代的选手,他同样缔造了辉煌的职业生涯。

"嫁人就嫁刘国正",这是多年以前街头巷尾流行的一句话。刘国正同样是那个时代国乒的一员猛将,2001年世乒赛男子团体半决赛，中国队和韩国队战成2比2，第五场比赛由刘国正对阵韩国名将金泽洙。两人酣战五局，刘国正总计挽救七个赛点，实现超级逆转，帮助中国队奇迹般地晋级。自此之后，"嫁人就嫁刘国正"成为耳熟能详的流行语。

2008年北京奥运会的乒乓球赛场，男单冠军被马琳斩获。这位年少成名的直板选手有着昂扬的斗志，他凭借出色的移动和"跑不死"的打法，缔造了乒乓球赛场上独特的风景线。

"五虎将"中另外一位选手王励勤，曾在2000年悉尼奥运会拿到男双冠军，并在2008年北京奥运会帮助国乒拿到男子团体冠军。

刘国梁、孔令辉、刘国正、马琳、王励勤,"五虎将"缔造了无数经典战役,见证了中国男子乒乓球从弱到强、逐渐走上巅峰的崛起时代。

中国男乒从不缺乏人才,王皓、陈玘、许昕等球员不断取得佳绩。目前,我们也正在见证中国男乒更多"虎将"的诞生。樊振东和王楚钦两位年轻球员已经坚定地扛起男乒大旗,为中国乒乓球队书写新的荣耀。

女单"大满贯"！李晓霞、丁宁成就佳话

中国女乒历史上，除了邓亚萍、王楠和张怡宁三位实现"大满贯"的球员之外，李晓霞和丁宁也同样成就了"大满贯"伟业。她们彼此竞争，共同进步，成就了一段佳话。

2008年，李晓霞无缘北京奥运会女单比赛留下遗憾。但她很快振作精神，获得当年乒乓球世界杯女单冠军,并逐渐成为中国女乒新的核心。2012年伦敦奥运会,李晓霞和丁宁携手闯入女单决赛。最终,李晓霞以4比1击败丁宁,拿下奥运会冠军。另外,李晓霞、丁宁和郭跃组成的国乒女队也顺利夺得女子团体冠军。

2013年世乒赛女单决赛,李晓霞夺得冠军,完成"大满贯"伟业。职业生涯早期历经挫折的李晓霞,创造了一段在曲折中勇往直前的传奇生涯。

在李晓霞的"大满贯"征途中,丁宁是她场上的对手,也是她场下的密友。丁宁早期的职业生涯荆棘遍布,但这位韧性十足的国乒传奇总能化逆境为坦途。

在2010年莫斯科世乒赛女子团体决赛

中，丁宁意外输掉了比赛。最终，国乒女队以1比3的总比分输给新加坡队，世乒赛团体赛的战绩定格在八连冠。

这次失利对于丁宁的职业生涯是一次重创，但她并没有就此消沉。在次年世乒赛和世界杯的赛场上，她连续拿到女单冠军，距离实现"大满贯"仅一步之遥。

然而挫折再次不期而至，2012年伦敦奥运会女单决赛，丁宁不敌李晓霞无缘冠军。早已习惯在困难中前行的丁宁，选择忘却失利的痛苦，再次出发。2015年世乒赛，丁宁带伤拿到女单冠军。**2016年里约奥运会，她又一次和李晓霞会师女单决赛。这一次，丁宁牢牢地把握住了机会。她以4比3击败李晓霞，拿到奥运会女单冠军，"大满**

贯"的梦想终于得以实现。

该届奥运会，丁宁、李晓霞和刘诗雯组成的国乒女队，还收获了女子团体冠军。丁宁凭借耀眼的表现，成为中国体育代表团在奥运会闭幕式中的旗手。

2017年，丁宁成为中国女乒队长，并且在世乒赛中第三次夺得女单冠军。同年的全运会，丁宁又摘得女单桂冠。至此，她在奥运会、世乒赛、世界杯和全运会的赛场上，均拿下女单项目的冠军，实现"全满贯"伟业。

退役之后的李晓霞和丁宁都热衷慈善事业，她们为山区的孩子们提供了有力支持，让孩子们有机会通过知识改变命运，实现自己的人生梦想。

　　李晓霞和丁宁两人在职业生涯中都拿到了三枚奥运金牌，都成就了"大满贯"伟业。她们携手缔造了一个璀璨的时代之后，中国乒乓球女队的新生代球员也纷纷涌现，延续着国乒在奥运女单赛场上的"不败神话"。

　　2020东京奥运会的赛场上，陈梦和孙颖莎会师女单决赛。最终陈梦击败孙颖莎，成为中国乒乓球队又一位奥运会女单冠军。

　　自1988年乒乓球成为奥运会正式比赛

项目以来，九届奥运会征途之中，国乒从来没有让女单冠军旁落过。陈静、邓亚萍、王楠、张怡宁、李晓霞、丁宁、陈梦，七位奥运会女单冠军帮助国乒缔造奥运女单九连冠神迹，国乒女单也就此成为奥运会中国体育代表团"王牌中的王牌"。

新的征途即将来临，作为国乒女单的领军人，陈梦和孙颖莎即将书写新的荣耀篇章。

致敬
奥运会英雄谱

国乒在9届奥运会斩获包括32枚金牌在内的60枚奖牌，5次包揽当届奥运会全部乒乓球项目的金牌。中国乒乓球赢尽天下，以王者姿态傲然挺立于国际乒坛。国乒极致辉煌的历史，由一代代倾其所有的运动员写就。他们荣誉等身，他们功勋卓著，他们每个人都是"中国骄傲"。短短篇幅写不尽他们捍卫中国荣耀的动人故事，谨以英雄谱的方式，致敬每一个曾为中国乒乓球事业奋斗的传奇。

1988年汉城奥运会		
陈龙灿/韦晴光	男子双打	金牌
陈静	女子单打	金牌
李惠芬	女子单打	银牌
陈静/焦志敏	女子双打	银牌
焦志敏	女子单打	铜牌
1992年巴塞罗那奥运会		
吕林/王涛	男子双打	金牌

邓亚萍	女子单打	金牌
邓亚萍 / 乔红	女子双打	金牌
乔红	女子单打	银牌
陈子荷 / 高军	女子双打	银牌
马文革	男子单打	铜牌
1996 年亚特兰大奥运会		
刘国梁	男子单打	金牌
刘国梁 / 孔令辉	男子双打	金牌
邓亚萍	女子单打	金牌
邓亚萍 / 乔红	女子双打	金牌
王涛	男子单打	银牌
吕林 / 王涛	男子双打	银牌
刘伟 / 乔云萍	女子双打	银牌
乔红	女子单打	铜牌
2000 年悉尼奥运会		
孔令辉	男子单打	金牌
王励勤 / 阎森	男子双打	金牌
王楠	女子单打	金牌
王楠 / 李菊	女子双打	金牌
刘国梁 / 孔令辉	男子双打	银牌
李菊	女子单打	银牌
孙晋 / 杨影	女子双打	银牌
刘国梁	男子单打	铜牌
2004 年雅典奥运会		
马琳 / 陈玘	男子双打	金牌
张怡宁	女子单打	金牌
王楠 / 张怡宁	女子双打	金牌
王皓	男子单打	银牌
王励勤	男子单打	铜牌
郭跃 / 牛剑锋	女子双打	铜牌
2008 年北京奥运会		
马琳	男子单打	金牌
王励勤 / 王皓 / 马琳	男子团体	金牌

张怡宁	女子单打	金牌
王楠 / 张怡宁 / 郭跃	女子团体	金牌
王皓	男子单打	银牌
王楠	女子单打	银牌
王励勤	男子单打	铜牌
郭跃	女子单打	铜牌
2012 年伦敦奥运会		
张继科	男子单打	金牌
张继科 / 王皓 / 马龙	男子团体	金牌
李晓霞	女子单打	金牌
郭跃 / 丁宁 / 李晓霞	女子团体	金牌
王皓	男子单打	银牌
丁宁	女子单打	银牌
2016 年里约奥运会		
马龙	男子单打	金牌
马龙 / 张继科 / 许昕	男子团体	金牌
丁宁	女子单打	金牌
丁宁 / 刘诗雯 / 李晓霞	女子团体	金牌
张继科	男子单打	银牌
李晓霞	女子单打	银牌
2020 东京奥运会		
马龙	男子单打	金牌
马龙 / 樊振东 / 许昕	男子团体	金牌
陈梦	女子单打	金牌
陈梦 / 王曼昱 / 孙颖莎	女子团体	金牌
樊振东	男子单打	银牌
孙颖莎	女子单打	银牌
刘诗雯 / 许昕	混合双打	银牌

截至 2020 东京奥运会结束

乒乓球小百科

☆ **历史起源**

乒乓球起源于英国,因其击球时发出"Ping Pong"的声音而得名。1926年1月,在德国柏林举行了一次国际乒乓球赛,同年底,国际乒乓球联合会正式成立,并把在英国伦敦举行的欧洲锦标赛命名为第一届世界乒乓球锦标赛。

1959年世乒赛,中国选手容国团拿下男单冠军,为我国夺得了历史上第一个世界冠军,自此乒乓球运动在中国风靡。凭借着超高的群众参与度,以及中国乒乓球队在世界大赛中出类拔萃的成绩,乒乓球成为我国当之无愧的国球。

☆ 器材设备

乒乓球拍

乒乓球拍由底板、胶皮和海绵三部分组成。

乒乓球

比赛中使用的用来击打的球。自2014年7月1日起，重大国际比赛中使用的乒乓球直径须为40.00～40.60毫米。

乒乓球台

台面标准尺寸为长274厘米，宽152.5厘米；台高为76厘米。

乒乓球台网

球台中间的分界网，长度为183厘米，高为15.25厘米。

☆ 名词解释

乒乓球比赛项目	包括男子单打、女子单打、男子双打、女子双打、男女混合双打、男子团体和女子团体。
直拍	食指第二指节和大拇指第一指节在拍前呈钳形,握住球拍,两指距离1~2厘米。
横拍	中指、无名指、小拇指自然弯曲握住拍,大拇指靠近球拍,食指自然伸直斜放在球拍背面。

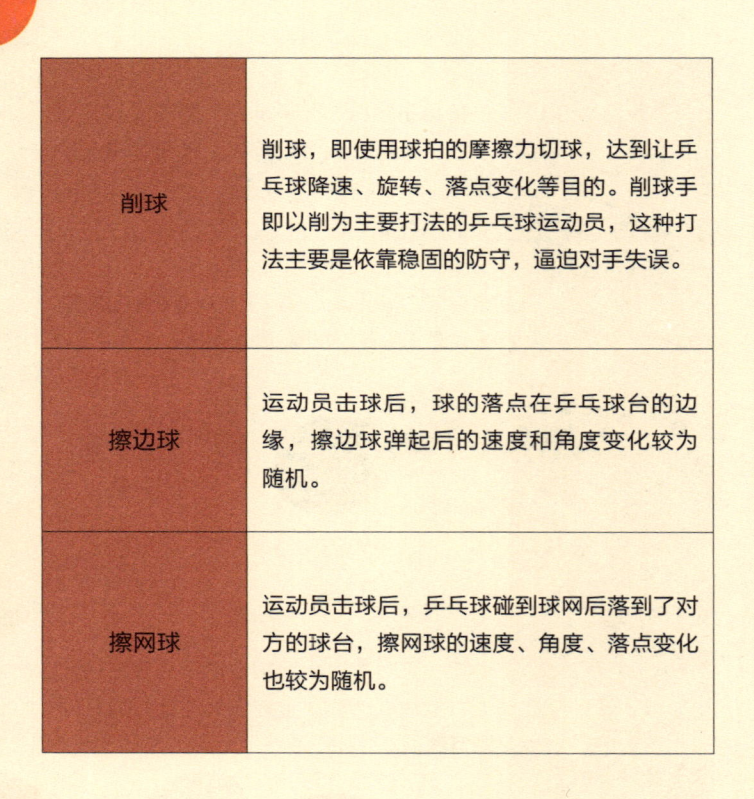

削球	削球，即使用球拍的摩擦力切球，达到让乒乓球降速、旋转、落点变化等目的。削球手即以削为主要打法的乒乓球运动员，这种打法主要是依靠稳固的防守，逼迫对手失误。
擦边球	运动员击球后，球的落点在乒乓球台的边缘，擦边球弹起后的速度和角度变化较为随机。
擦网球	运动员击球后，乒乓球碰到球网后落到了对方的球台，擦网球的速度、角度、落点变化也较为随机。

本书所有数据统计截至2024年巴黎奥运会开赛前。

奥运冠军　邓亚萍

回忆我的年少时光，有这样一个画面：在一个废弃的澡堂子里，狭小的空间内摆放着破旧的球桌。当时10岁的我，体重仅有60斤，却穿着沙衣、绑着沙袋，负重30斤训练。在这样的条件下，我坚持了4年，然后才慢慢地进入国家队，并取得出色的成绩。

在我小时候，各种条件非常贫乏，小小的我没有太多的方式去了解这个大大的世界。但如今的你们通过手机、电脑甚至人工智能，就可以看到并了解大千世界。也正是因为了解信息的渠道丰富了，我才更想将《中国骄傲》推荐给你们。希望每一位小读者，都能成为自己人生赛场上的"奥运冠军"。

奥运冠军　丁宁

"26年与乒乓相伴，每个瞬间，我都觉得无比珍贵：5岁开始学打球懵懂的我，10岁来到北京逐梦的我，国际赛场为国征战的我，在奥运会上收获冠军完成'大满贯'的我，在里约奥运会闭幕式上担任中国代表团旗手的我……"

我觉得，每一个运动员的职业生涯，都是精彩纷呈的。当我看到《中国骄傲》系列图书的时候，我会回想起赛场上的点点滴滴，以及我的乒乓生涯。在《中国乒乓》这一册中，也有我的奥运赛场故事。希望我的奋斗经历，能够给孩子们带来有意义的帮助。

图书在版编目（CIP）数据

中国乒乓 / 柳建伟主编 . -- 北京：北京时代华文书局 , 2024. 7.
ISBN 978-7-5699-5573-6

Ⅰ . K825.47

中国国家版本馆 CIP 数据核字第 2024GE6419 号

Zhongguo Pingpang

出 版 人：	陈　涛
总 策 划：	董振伟　直笔体育
责任编辑：	马彰羚
执行编辑：	黄娴懿　孙沛源
特邀编辑：	李　天　王　婷
责任校对：	陈冬梅
装帧设计：	程　慧　迟　稳　贾静洁
插画绘制：	杨　艺
责任印制：	訾　敬

出版发行： 北京时代华文书局 http://www.bjsdsj.com.cn
　　　　　北京市东城区安定门外大街 138 号皇城国际大厦 A 座 8 层
　　　　　邮编：100011　电话：010-64263661　64261528
印　　刷： 三河市嘉科万达彩色印刷有限公司
开　　本： 787 mm×1092 mm 1/32　　成品尺寸：130 mm×190 mm
印　　张： 4　　　　　　　　　　　　字　　数：38 千字
版　　次： 2024 年 7 月第 1 版　　　　印　　次：2024 年 7 月第 1 次印刷
定　　价： 29.80 元

版权所有，侵权必究
本书如有印刷、装订等质量问题，本社负责调换，电话：010-64267955。